AF243241

DON ZIFD EN ESPAÑOL

A MONSIEUR HENRY MARET

RÉDACTEUR DU *CHARIVARI*.

Mon cher Ami,

Il y aura deux ans, viennent les hirondelles, un mince volume de notes de voyage frappait timidement, comme il sied aux inconnus et aux pauvres, à la porte des libraires bordelais.

D'où venait cet étranger? — Que voulait ce pauvre diable?

Il arrivait des champs ensoleillés, qu'il eût bien fait peut-être de ne jamais quitter, pour solliciter dans la grande ville, le téméraire, un coin obscur, une toute petite place sur les rayons où s'étalent, en un pêle-mêle étrange et parfois incohérent, les produits si variés de la littérature contemporaine.

Afin de donner au rustre un air de gentil-hommerie, une tournure plus avenante, une physionomie plus citadine, le crayon d'un ami avait fait, à Paris, pour sa toilette extérieure, un croquis charmant et coquet.

Pauvre petit *Pied en Espagne!*

Dans la cohue des innombrables publications de l'époque, au milieu des puissants de la République des Lettres, qu'allait-il advenir de cet enfant perdu de la prose légère? — Quel sort devait être le sien? A quels obstacles allait-il se heurter? — Trouverait-il la faveur ou le dédain, l'éloge ou le sarcasme, le succès ou l'oubli? Le jetterait-on à la hotte? Le dresserait-on, fier et pompeux, sur la planche de sapin d'une bibliothèque? — Aurait-il les honneurs de la reliure, ou les humiliations du cornet à épices?

L'auteur se posa toutes ces interrogations; il fit se choquer entre elles toutes ces idées, miroiter tous ces rêves; il voulut, puis hésita, réfléchit, et enfin laissa s'en aller cette épave sans prétention au courant du hasard.

Il fallait, au surplus, faire quelque chose et apporter sa pierre, aussi fruste, aussi abrupte fût-elle, à l'édifice de décentralisation artistique dont la province poursuit avec une pénible et

glorieuse opiniâtreté la construction difficile et
lente.

*
* *

Le *Courrier d'Arcachon* me servit de premier
introducteur auprès du public.

On ne pouvait remplir cette mission d'une
manière plus bienveillante et plus accorte.
M. Paul Delurcy, le rédacteur en chef du journal, prit lui-même la plume pour délivrer au
jeune vagabond un passeport, dont le signale-
ment était flatté sans aucun doute.

Lisez plutôt :

« La librairie Féret mettra en vente, cette semaine,
un joli volume intitulé : *Un pied en Espagne*, par Camille
Braylens. – L'auteur, dans une courte préface, expli-
que qu'il n'a voulu écrire ni un roman, ni une relation
savante et étudiée. Il offre tout simplement au public,
dit-il, « avec une légère toilette de style, un peu
» époussetées et brossées, des notes prises au courant
» du regard et du crayon, sur un coin de calepin, en
» wagon, à pied, en cacolet, sans autre point d'appui
» le plus souvent qu'une borne, le genou, un mur, ou
» la table informe d'une *posada* délabrée. » Nous avons
détaché un chapitre de ces notes, et nous l'offrons à
nos lecteurs comme spécimen. On y trouvera, racontées
sans apprêt, comme dans une conversation de bonne
humeur, au charme de laquelle on est heureux de se
laisser aller, les impressions d'un voyageur avide de
voir et sachant voir. M. Braylens s'est arrêté là où
tous les autres avaient passé C'est pourquoi, même

après les narrateurs célèbres qui ont promené le lecteur français dans ce pittoresque pays des Espagnes, on peut le suivre avec profit. Il n'a pas marché dans les sentiers battus par les maîtres ; il ne s'est mis à la remorque de personne : son verre est bien à lui. — A la fin du volume, M. Braylens a placé sous le titre *Arcachon* quelques pages écrites cet hiver en vue de notre bassin, le soir ou le lendemain du jour où quarante confrères, répondant à notre invitation, étaient venus apporter au *Courrier d'Arcachon* naissant le précieux témoignage de leurs cordiales sympathies. »

Puis vint la *Gironde*, qui voulut, elle aussi, annoncer la naissance du mioche, et consacrer au *Pied en Espagne* les lignes suivantes dans son numéro du 30 mai 1865.

« *Un pied en Espagne* est un récit rapide de quelques jours de voyage dans le Guipuzcoa. L'auteur n'a eu ni la prétention de découvrir ces provinces Basques si curieuses et si souvent explorées, ni le dessein d'écrire la relation savante et étudiée d'une excursion minutieuse. Moins hautes ont été ses visées. Ce qu'il a voulu, comme il le dit lui-même dans une courte préface, c'est tout simplement offrir au public avec une légère toilette de style, un peu époussetées et brossées, des notes prises au courant du regard et du crayon sur un coin de calepin, en wagon, à pied, en cacolet, sans autre point d'appui, le plus souvent, qu'une borne, le genou, un mur, ou la table informe d'une *posada* délabrée.

» Cette disposition nous semble une des meilleures pour bien voir et bien juger. Aussi, quoique M. Braylens ne s'arrête guère que là où d'autres ont déjà passé, à Saint-Sébastien, Irun, Fontarabie, Tolosa, Hernani, nous avons lu les pages qu'il a consacrées à cette pittoresque contrée avec un vif intérêt et même avec fruit. Dans sa promenade rapide, et au milieu des impressions variées du voyage, M. Braylens, en effet, a noté avec soin un grand nombre de détails précis. C'est surtout dans sa visite à Tolosa et à Hernani, deux charmants villages basques, qu'il a recueilli quelques-uns de ces renseignements qu'on trouverait peut-être difficilement ailleurs.

» Au moment où les touristes grands et petits vont se mettre en route, et où un grand nombre se dirigeront probablement vers nos attrayantes frontières méridionales, nous croyons bien faire de recommander ce livre à nos lecteurs, comme un agréable compagnon, pendant quelques heures de chemin de fer. »

La *Vie parisienne*, de Marcelin, m'octroya, dans ses *Çà et Là* du 3 juin 1865, l'entrefilet qui suit :

« Je reçois à l'instant de Bordeaux (c'est de La Réole qu'on voulait dire) un petit livre. Il est intitulé : *Un pied en Espagne,* et signé : Camille BRAYLENS. Un joli récit de voyages et que j'emporterai certainement dans ce pays des belles femmes.... »

M. Edward Moriac, du *Courrier de la Gironde,* écrivit à son tour ainsi (n° du 20 juin) :

« M. Camille Braylens a, lui aussi, satisfait à la loi commune en faisant son excursion. Il a voulu se

convaincre si les Pyrénées existaient encore; il a mis
un pied en Espagne. De son voyage, il a dressé le journal,
qui est aussi bien une agréable lecture pour ceux qui
ne voyagent pas, qu'il doit être un guide sûr et fidèle
pour le voyageur. Dans tous les cas, c'est un compagnon spirituel, et la chose est encore assez rare pour
être accueillie avec bonheur et empressement. »

Un homme, dont la mort récente a été pour
les lettres et pour la politique un véritable deuil,
M. Victor Chauvin, rédacteur en chef de la *Revue
de l'Instruction publique*, ne dédaigna pas, dans
le numéro du 28 septembre, de l'apprécier en
ces termes :

« Voici une relation de voyage non pas grave, sé-
rieuse, étudiée, mais comme le titre l'indique, rapide
et sans prétention. C'est la réunion de notes prises au
courant du regard et du crayon sur un coin de calepin,
en wagon, à pied, en cacolet, sans autre point d'appui
le plus souvent qu'une borne, le genou, ou la table
informe d'une *posada* délabrée. En voulant voir beaucoup dans un délai très restreint, en racontant ce qu'il
a vu si promptement et sous l'empire de préoccupa-
tions très variées, l'auteur met nécessairement dans
son récit un certain désordre qui n'est pas désagréable
et qu'une critique indulgente appellerait de la variété.
Aussi lit-on avec plaisir cette vive esquisse des mœurs
d'un petit coin de l'Espagne que nous connaissons
encore bien peu, quoiqu'il soit à nos portes. S'il n'y
a plus, en effet, de Pyrénées aujourd'hui, grâce aux
chemins de fer, que n'arrête plus cet obstacle séculaire,
le mot de Louis XIV n'en est pas plus vrai pour cela :

les deux pays sont toujours séparés par la division morale la plus tranchée ; ils offrent le contraste le plus curieux, et le lecteur qui voudra suivre M. Braylens dans sa courte, mais instructive excursion, aura plus d'une occasion de répéter la vieille formule : Vérité en deçà des Pyrénées, erreur au delà. »

Une année s'était écoulée depuis l'apparition du petit volume ; la période des voyages approchait : la *Gironde* voulut bien recommander une seconde fois la relation de ma promenade en Espagne.

M. Jules Chapon, le judicieux critique, lui découpa cette tranche aimable dans son feuilleton du 26 juin 1866 :

« Le livre que je veux signaler au lecteur est un volume tout petit, mais tout coquet et élégant. Il est de M. Camille Braylens et se nomme *Un pied en Espagne*. En vérité, l'auteur a raison ; il n'a mis qu'un pied sur la terre du Cid, il n'y a demeuré que quelques heures, il n'a visité que quelques-unes des antiques et curieuses cités qui s'ouvrent, les premières, au Français qui franchit la frontière. Mais ces quelques heures ont été bien employées et mises à profit par un esprit observateur et artiste ; elles ont laissé de profondes impressions et de vifs souvenirs dans une mémoire fidèle. Ce sont ces impressions qui, notées en courant, forment aujourd'hui l'aimable récit dont je viens de transcrire le titre. Cela se lit en quelques minutes ; mais de même que le voyage qu'il raconte, ce livre laisse un souvenir que l'on est heureux de conserver. »

J'avais, dans l'intervalle, envoyé au *Courrier d'Arcachon* quelques séries d'articles. Ce journal, désireux peut-être de me remercier de cette part de collaboration, me tendit une nouvelle fois sa main bienveillante, en transcrivant un sonnet que Pradier avait écrit sur le premier feuillet de mon volume :

UN PIED EN ESPAGNE

SONNET

« L'année dernière, nous avons recommandé à nos lecteurs, entre autres compagnons de voyage, un livre aimable de M. Camille Braylens, intitulé *Un pied en Espagne*. Aujourd'hui, nous renouvelons notre recommandation en passant la parole au poète-improvisateur Pradier, lequel, après avoir parcouru le volume, a jeté sur la couverture le spirituel sonnet qui suit :

» Rien qu'un pied en Espagne !... Est-ce bien vrai, Camille ?
Pardon !... Mais à la seule empreinte de ce pied
Et dans son modelé, j'ai cru voir l'espadrille
Qu'en rapporta jadis Théophile Gautier.

D'Irun à Tolosa, lorsque ce pied sautille,
Il peint en se jouant un tableau tout entier ;
Et comme Ducournet, un pied de la famille,
Ce pied tient le pinceau de Camille Rogier.

Puisque las d'enjamber les hautes Pyrénées,
Ce pied de farfadet près de mes destinées
Vient, comme chez Simon, s'arrêter un moment,

Avec ma main qui va signer cette folie
(Pour que jamais Braylens ici-bas ne m'oublie),
Moi je lui donne ici mon cœur *directement*.

Charles PRADIER »

Enfin, la *Guienne*, à qui le *Journal de Bordeaux*, dans cette circonstance, tint à faire écho, la *Guienne*, dans son numéro du 23 septembre dernier, donne à mon livre, qui ne comptait guère rencontrer d'aussi vives sympathies, cette chaude apostille :

« Sous le titre : *Un pied en Espagne*, un de nos spirituels compatriotes, M. Camille Braylens, vient de publier un très-joli petit volume que tous les touristes en route pour Madrid voudront lire.

» M. Camille Braylens nous mène avec lui à Irun, à Saint-Sébastien, à Hernani et à Tolosa ; puis s'apercevant que, s'il continue, il aura bientôt, non pas un pied, mais deux pieds en Espagne, il rebrousse chemin et nous fait faire une tournée en France, de Saint-Jean-de-Luz à Arcachon. Le livre est écrit avec *humour*. C'est court et bon. »

*
* *

Et maintenant que, grâce à des patrons beaucoup trop indulgents, je le reconnais, mon *Pied en Espagne* a fait son petit chemin dans le monde de ceux à qui les lettres ne sont pas entièrement indifférentes, maintenant que ce *Pied*, devenu orgueilleux, va jusqu'à rêver une seconde édition, je serais profondément ingrat si je ne remerciais les différents organes de publicité qui m'ont donné une preuve d'intérêt.

Je serais bien plus coupable, mon cher Maret, si j'oubliais que, dans plusieurs journaux de province et de Paris, vous avez maintes fois dit un mot d'une publication qui vous doit ainsi une partie de son succès.

C. BRAYLENS

La Réole, nov. 1866.

Bordeaux. — Imp. G. Gounouilhou, rue Guiraude, 11.

www.ingramcontent.com/pod-product-compliance
Lightning Source LLC
Chambersburg PA
CBHW061557050726
47595CB00009B/3853